LETTRE

A

S. M. L'EMPEREUR NAPOLÉON III

SUR UNE

APPLICATION DU PRINCIPE DES SPÉCIALITÉS

A

L'ORGANISATION MUNICIPALE

DE FRANCE.

DEUXIÈME ÉDITION.

« On peut gouverner de loin, mais l'on
» n'administre bien que de près. »
Décret du 25 mars 1852.
Sur la décentralisation administrative.

PARIS. — 1859.

L'idée qui sert de base à ces lignes a été indiquée brièvement par l'auteur,
dans un écrit du 15 mars 1848.

1856.

Sire ,

Votre Majesté l'a dit dans une circonstance mémorable : « L'Empire c'est la Paix! »

Ni les succès d'une politique aussi sage que hardie, ni les enivrements de la victoire, ni l'enthousiasme de Vos peuples, ni l'hommage d'admiration de l'Europe et de ses souverains, rien n'a pu détourner les efforts de Votre Majesté Impériale du noble problème dont Elle a fait sa devise et dont la solution fera la grandeur de Son règne :

La gloire dans la Paix et par la Paix.

Sire, je m'honorerai toute ma vie d'avoir été des premiers, en 1848 (1) et 51 (2), à signaler les

(1) Dans l'écrit susmentionné du 15 mars 1848.

(2) Par une manifestation politique en faveur des événements du 2 décembre, provoquée par l'auteur dans les départements de l'Est.

L'auteur de ces lignes a eu l'honneur d'être reçu en audience, au palais des Tuileries, par S. M. l'Empereur, le 23 décembre 1855.

services que devait rendre à la France l'institution d'un Pouvoir Présidentiel à large base, fondé sur le *vote direct de la nation.*

Que Votre Majesté daigne me permettre de venir Lui soumettre aujourd'hui l'humble tribut de mes méditations sur un moyen pratique de réaliser cette prospérité intérieure du pays, pour laquelle toutes les mesures émanées de Son initiative trahissent une si noble et si profonde sollicitude !

Les derniers événements ont surabondamment prouvé à Votre Majesté Impériale que le gage véritable de supériorité de nos armées réside dans ce corps d'officiers, recrutés sans autre distinction que le mérite, sortis des écoles spéciales par voie de concours, gardiens savants et dévoués de l'esprit, des traditions et de l'honneur militaires.

Notre société civile offre-t-elle, dans son organisation hiérarchique, l'analogue des officiers de l'armée ? Le principe des spécialités serait-il désirable chez les magistrats chargés de la direction politique et morale des populations, et de l'administration des intérêts publics de nos 57,000 communes de France ? Les frais de son application partielle ou générale ne seraient-ils pas couverts par des résultats équivalents ou supérieurs ?

On répondra, je le sais, que l'Étranger admire la perfection de notre organisation intérieure ; que rien n'égale la promptitude, la force et l'utile simplicité de notre mécanisme administratif.

En effet, Sire, ce dernier possède dans ses cadres militants le pouvoir préfectoral, initié de près aux vues de l'autorité suprême, ressort puissant chargé de transmettre les bienfaits de la civilisation jusque dans les hameaux les plus reculés. Mais, je le demande : une armée qui ne posséderait dans ses cadres que l'officier supérieur et général, et chez qui le principe des spécialités ne serait pas exigé de l'officier subalterne, chargé d'exécuter avec entente les ordres supérieurs et de fournir aux chefs les éléments d'information nécessaires pour bien diriger l'ensemble, cette armée ne reposerait-elle pas sur des bases factices?

Notre France est une société de fusion, d'égalité légale; le Pouvoir seul y représente le principe d'Autorité, à l'inverse de cette Aristocratie anglaise, interposée entre le trône et la nation, et qui n'a pas cessé encore d'exercer un patronage puissant sur la vie publique. Rien ne saurait donc dispenser l'Autorité française du devoir de saisir d'une main ferme et hardie ce sceptre du patronage social, que lui assigne exclusivement la Providence (1)!

Sans doute, Sire, beaucoup de bien est fait déjà; Vos administrations départementales y apportent le feu sacré d'une noble rivalité; des milliers de chefs municipaux sont dignes de recevoir et d'exécuter les ordres d'administrateurs distingués, pénétrés du zèle du bien public; mais combien aussi notre organisation communale ne laisse-t-elle pas de lacunes regrettables, faute de garanties spéciales chez les chefs

(1) Voir la note I, p. 23.

chargés d'y présider! La production agricole se trouve,
en moyenne, dans un état déplorablement arriéré; les
capitaux et l'intelligence la fuient; les deniers com-
munaux souffrent dans leur emploi par l'absence d'intelligence, de sagesse et d'esprit de suite; faute de
lumières, l'initiative du progrès et des saines améliorations est nulle ou à peu près de la part des autorités
communales; enfin, le séjour de la commune et des
petits centres, en général, devient un objet de répulsion pour les existences et les fortunes indépendantes
qui vont refluer dans les villes. Est-ce là un état de
choses normal? N'est-ce pas une rupture complète de
l'équilibre dans le grand corps social de la France? Et
cette accumulation maladive de toute la séve nationale
dans quelques grands centres, dans un seul même;
cet abandon de la terre, nourricière des peuples,
n'est-ce pas un danger d'appauvrissement pour la nation? N'est-ce pas un auxiliaire infaillible de l'esprit
révolutionnaire?

Je pense donc, Sire, que le remède à un mal si
grave consisterait à *provoquer une puissante réaction,
par la création de centres de civilisation, d'intelligence
et de progrès, au foyer même de la vie communale,*
par une généralisation sage et graduelle du principe
des spécialités, à tous les degrés de la hiérarchie
administrative, depuis le maire de village jusqu'au
préfet.

Sans doute, il existe grand nombre de villes et de
communes rurales où, sous l'égide du système municipal actuel, des positions sociales, créées par le mérite ou consacrées par le temps et les services rendus,

peuvent assurer aux populations, dans les fonctions de maire, les bienfaits d'une sage administration, et remplacer l'action plus directe d'hommes formés par des études spéciales et, s'il y a lieu, indemnisés, dont ces lignes ont pour but de proposer l'institution à Votre Majesté. Je me garderai donc bien de demander que la société se prive des services gratuits d'hommes honorables, qui sont dignes et heureux de la servir ainsi ; mais il ne saurait échapper à Votre Majesté que ces positions sont l'exception dans notre société française ; que rien, dans nos lois, n'en garantit la durée ; que tout, au contraire, et surtout la loi sur les héritages, tend incessamment à les battre en brèche. Si donc Votre Majesté daigne écouter ma faible voix, je demanderais que le principe des spécialités ne fût appliqué d'abord que dans les communes où l'organisation actuelle a révélé l'absence de citoyens notables, aptes, par leurs capacités, leur dévouement et leur indépendance de fortune, à administrer gratuitement d'une manière utile.

La Commune, microcosme des sociétés humaines, est la base et l'unité constitutive des États. Le pouvoir central est-il intelligent, capable, animé du feu sacré du bien public : si les communes sont administrées par des mains incapables ou infidèles, si l'agent chargé de faire exécuter les lois et d'accomplir les intentions tutélaires du Chef de l'État, n'est pas à la hauteur de sa mission, la vie nationale présentera l'image d'une âme forte, servie par un corps débile et misérable. Une volonté éclairée, généreuse, aura beau couronner le faîte de l'édifice social ; sans cesse, l'insuffisance de la base de l'autorité trahira ses efforts, dans l'exécution des mesures d'amélioration et de progrès. Nous pensons donc que, dans la recherche des moyens d'élever la prospérité et la civilisation intérieure de la France à son plus haut degré possible, l'application du principe des spécialités à l'organisation municipale se présente comme l'un des leviers les plus puissants, et comme appelée à établir l'équilibre si désirable de civilisation et de bien-être, sur toute la surface du pays, en assurant partout, avec une promptitude mathématique, et sans malentendus ni demi-mesures, une réalisation parfaite des vues tutélaires du Pouvoir.

Sans doute, la société civile ne saurait reposer sur le principe de l'obéissance passive, nécessaire à l'organisation de l'armée; le citoyen, dans la limite des droits de ses semblables et de l'État, doit être libre même de mal gérer ses affaires et d'ignorer la science de ses véritables intérêts. Mais, de son côté, la société a le devoir de se conserver elle-même, et celui de faire progresser le bien-être de ses membres. Quelque extension qu'on veuille donner aux droits de la liberté individuelle, nous pensons que le principe d'autorité ne saurait décliner la sainte mission qui lui incombe, d'être, pour la société, un flambeau de civilisation et de progrès, et de se légitimer par une action d'initiative, directrice et bienfaisante, exercée officiellement, mais sans compression ni arbitraire, sur tout l'ensemble du mouvement social. Déjà, la civilisation du dix-neuvième siècle a compris ce grand devoir, en ce qui concerne les bienfaits de la religion et de l'instruction primaire, représentées chacune officiellement dans la commune, par un homme spécial institué par l'État. Comment se fait-il que la magistrature communale qui, plus que toute autre, pourrait être la cheville ouvrière de la grandeur de l'État, que celle de chef politique et administratif, de civilisateur par excellence, soit abandonnée encore aux hasards des positions locales, elle qui, plus que toutes les autres, aurait besoin de lumières supérieures, de la connaissance des lois, fondement de notre unité nationale, de l'absence de préoccupations personnelles et de passions mesquines, enfin, de toutes les garanties nécessaires à la direction matérielle et morale d'une Société ?

Que Votre Majesté se représente les 37,000 communes de France, transformées en autant de centres lumineux et intelligents, répartis sur la surface du territoire, et rivalisant d'ardeur dans les nobles luttes de la civilisation et du progrès. Bienheureuse transformation, et qui jetterait sur le règne de Votre Majesté un éclat sans égal dans l'histoire !

Dira-t-on que les progrès de l'instruction primaire, surtout après le récent décret qui y adjoint l'enseignement de l'agriculture pratique, rendront inutile le principe des spécialités, dans les fonctions de chef social de la commune? On oublie d'abord qu'il n'est au pouvoir d'aucun décret d'improviser, pour les fonctions de maire, des candidats locaux, capables, dévoués, et d'une position de fortune suffisante pour disposer de loisirs, dans un si grand nombre de communes où le maire n'est trop souvent qu'un prolétaire besoigneux, préoccupé de son pain quotidien, et incapable, par sa position personnelle, de tout effort d'intérêt général. On oublie encore que, bien souvent, l'action salutaire du Maire, dans la situation actuelle, se trouve neutralisée par des influences de coterie, de parenté ; que, pour être le chef moral, intellectuel, matériel de la commune, il devrait, en fait de lumières, être le supérieur de l'instituteur, et non pas son inférieur ou son obligé. On oublie, enfin, toutes les divisions et les jalousies que suscite le régime communal en vigueur.

Nous pensons donc que, dans les communes où le système municipal actuel a donné depuis longtemps de mauvais résultats, par l'absence d'individus capables d'une bonne administration gratuite, *des maires spéciaux, formés au concours, dans des écoles d'administration pratique, annexées aux écoles normales primaires*, pourraient réaliser d'incalculables progrès, en tirant de l'ornière le char administratif embourbé, en vulgarisant parmi les habitants les applications saines et pratiques d'une civilisation bienfaisante, en imprimant un énergique essor à toutes les améliorations publiques et privées.

Le décret de Votre Majesté, en date du 25 mars 1852, sur la décentralisation administrative, est fondé sur ce principe, « *qu'on peut gouverner de loin, mais que l'on n'administre bien que de près.* » Nous pensons que la conséquence dernière et le moyen d'application pratique de ce principe sont à chercher, avant tout, *dans la Commune*; et que la création d'un agent d'initiative spécial, préposé au centre communal, et chargé d'y propager les bienfaits de la civilisation, serait le complément logique et nécessaire de ce décret. En effet, ce n'est que sur le théâtre même des opérations de la guerre, que le stratégiste apprécie bien les combinaisons à opposer à l'ennemi ; et les manœuvres militaires prescrites à distance ont fait perdre plus d'une bataille ! Conservons donc la hiérarchie et les lois d'attributions et de subordination qui régissent l'ordre administratif ; mais donnons à la direction des intérêts publics et privés de la commune une garantie de force, d'initiative, de capacité et d'indépendance de l'esprit de clocher, par la création d'un corps d'hommes spéciaux, chargés d'étudier et d'approfondir sur les lieux toutes les questions d'intérêt public, et de ne les faire arriver aux mains de l'autorité supérieure que mûries par une étude savante et pratique, faite sur place, en présence de toutes les données du problème. N'est-il pas évident qu'une pareille étude sera infiniment supérieure aux solutions *à priori*, souvent l'unique ressource de nos bureaucraties ?

En un mot, faisons de la Commune un *centre d'attraction sociale*, au lieu d'un centre de répulsion qu'elle est souvent pour ceux à qui l'aisance permet de rechercher un séjour offrant des ressources. Transformons-la, par la réalisation d'une belle hiérarchie civilisatrice, en unité morale, qui retienne ses membres par l'attrait d'une noble rivalité pour le progrès et pour tout ce qui peut augmenter le bonheur de l'individu, en même temps que la force de l'État. Travaillons à opposer à l'esprit révolutionnaire un boulevard insurmontable, en indiquant à chacun, par l'exemple d'une autorité tutélaire, veillant de près à la prospérité publique et privée, les moyens de tirer du lot que la Providence lui a assigné, le plus de bien-être matériel et moral possible! C'est ainsi que seront vaincus à jamais cet esprit de mécontentement, ce désir de changer de position, faute de savoir tirer parti de ce qu'on a, causes déplorables des déchirements qui bouleversent périodiquement notre société française.

Statistique minutieuse et approfondie de tous les intérêts sociaux de la commune ; emploi le plus avantageux possible de sa fortune patrimoniale et de ses ressources ; connaissance de l'économie forestière et agricole ; science financière théorique et pratique, ou moyen de faire beaucoup avec peu ; connaissance pratique des lois usuelles du pays ; notions d'hygiène, d'architecture et de travaux publics, appliquées aux constructions des communes et des particuliers. Voilà pour le chef politique de la Commune.

Quant au chef social des citoyens, quel vaste cadre de connaissances pratiques ne faudrait-il pas à celui qui mériterait réellement le titre de promoteur, d'*ingénieur de la civilisation et du progrès!*

Étude officieuse et tutélaire de tout ce qui peut éclairer les habitants sur leurs intérêts privés ; connaissance pratique et approfondie des branches de travail qui servent à leur subsistance, et qui peuvent fonder leur prospérité ; conférences publiques sur toutes les applications possibles d'une civilisation perfectionnée aux détails de la vie: science de se nourrir, se loger, se vêtir, se chauffer, s'éclairer le plus avantageusement et le plus économiquement possible ; conseils pratiques sur la santé, sur les cas de jurisprudence usuelle, afin d'éviter les procès ruineux, les exactions des gens d'affaires, les déplacements et les pertes inutiles de temps pour l'homme des campagnes : en un mot, concentration dans la personne du chef social de la commune, de tout ce que le principe d'autorité peut renfermer de bienveillance paternelle et d'énergique initiative pour le bien !

Nous pensons, Sire, qu'un essai en petit du principe proposé serait conforme à la politique large, intelligente, suivie par Votre Majesté Impériale. Il s'agirait d'adjoindre à quelques écoles normales primaires des *écoles pratiques d'administration communale*. Le cours d'études serait de trois années, suivi d'un stage de deux ans comme secrétaire de mairie. Les élèves seraient admis par voie de concours public, après des épreuves théoriques et pratiques à déterminer (1).

En n'expérimentant d'abord le système qu'en petit, et en ne l'appliquant que dans des communes où l'ancien ordre municipal aurait fourni des preuves palpables d'impuissance pour le progrès et la bonne administration, les deux systèmes se trouveraient en présence, *et l'arbre pourrait se juger par ses fruits.*

(1) L'auteur espère avoir indiqué dans sa lettre sur les railways départementaux un moyen de création de ressources qui permettrait de fonder des bourses pour cette école et d'indemniser, s'il y a lieu, des maires spéciaux.

Le premier devoir du maire, homme spécial, étant de marcher d'accord avec son conseil municipal, représentant élu de la population, il aurait à faire dans ce but une étude scrupuleuse des moyens d'amicale persuasion et d'expérimentation pratique à concerter avec le ministre du culte et l'instituteur, afin de gagner aux vues progressives du Pouvoir les intelligences rétives, qui pourraient vouloir protester au nom d'une aveugle routine.

Une statistique exacte et une étude approfondie des moyens pécuniaires de la commune devant servir de base à toute proposition d'amélioration pratique et de progrès émanée du maire, et devant être le premier article de son *Credo* administratif, la pierre de touche de ses capacités et de ses droits à l'approbation de ses chefs immédiats, Votre Majesté ne saurait appréhender, dans le système que nous proposons, les imprudences et les témérités d'un esprit d'innovation qui n'aurait aucun égard aux moyens financiers des communes, et au danger de les obérer par des expériences hasardés ou des entreprises disproportionnées à leurs moyens.

Si, après quelques années d'expérimentation, l'organisation spéciale l'emportait de beaucoup sur l'ancien système par ses résultats pour le bien public, la mesure pourrait être généralisée pour toutes les communes et villes (à commencer, peut-être, par des circonscriptions de canton), où l'utilité en serait reconnue par les autorités départementales respectives. L'adjonction aux écoles normales primaires, d'écoles pratiques d'administration communale, suivrait le mouvement.

Ces écoles enseigneraient :

1° L'économie publique, la statistique et la science financière ;

2° La législation usuelle et le droit administratif ;

3° L'agriculture pratique perfectionnée, avec toutes ses branches : silviculture, viticulture, horticulture ; exercices sur le terrain, pour le maniement des instruments et la mise en pratique des méthodes ; une ferme-modèle devant, autant que possible, être jointe à l'établissement (1) ;

4° La technologie générale et domestique, suivie d'exercices pratiques ;

5° La science pratique des constructions civiles et travaux publics, le dessin géométrique y relatif ;

6° L'hygiène publique et privée ;

7° Un cours de méthode administrative, ou guide pratique du maire, sur la manière de s'orienter en arrivant dans sa commune ; enquête et statistique permanente des ressources et des besoins, afin de se préserver de toute fausse mesure et de toute expérimentation hasardée.

---

(1) Sur la communication qui en a été faite par l'auteur à LL. Exc. MM. les ministres de l'Agriculture et de l'Instruction publique, cette question est actuellement à l'étude dans ces deux ministères (mars 1859). — Il s'agirait pour le moment de transférer des villes à la campagne, dans des fermes-modèles départementales, nos écoles normales pour les instituteurs primaires.

Un stage pratique de deux années dans les secré-
tariats de mairie devant suivre le cours d'études spéciales, les fonctions de maire seraient accessibles aux
candidats âgés de 25 ans. Le maire de village serait
rétribué, s'il y a lieu, et pourrait recevoir, sur place,
une augmentation de traitement, d'après la valeur des
services qu'il aurait rendus, valeur à apprécier par
l'autorité départementale. Il pourrait, par voie d'avancement, devenir maire de chef-lieu de canton, celui-
ci conseiller de préfecture ou sous-préfet, celui-ci
préfet.

La hiérarchie serait donc continue et réguilère. Les
titres à l'avancement de grade, ou sur place, seraient
appréciés dans des tournées fréquentes, par les sous-
préfets. Tout procédé arbitraire ou de compression,
pratiqué par le maire vis-à-vis de son conseil, organe
électif de l'esprit communal, serait sévèrement
réprimé (1).

Le magistrat politique de la commune ne devant
exercer sur la population et ses délégués d'autre
pression que celle d'une raison supérieure et d'une
science pratique et bienfaisante, l'harmonie si désirable entre le mandataire spécial du Pouvoir et ceux
de la population, exige la poursuite d'un but utile et
commun, faisant appel à toutes les lumières et à tous
les dévouements. J'ai donc l'honneur de proposer à
Votre Majesté l'institution, dans chaque commune de
France, *d'un système de primes communales, à décer-
ner annuellement* par une commission d'initiative ou

(1) Voir la note I, page 23.

d'enquête permanente du progrès, formée du conseil municipal et dirigée par le maire. Ces commissions se réuniraient quatre fois l'an, et auraient pour but spécial d'élaborer le programme annuel d'un prix en argent, à proposer pour celui des citoyens de la commune qui aurait le mieux résolu pratiquement quelque question d'amélioration agricole ou autre, intéressant le bien-être des habitants. La prime serait fournie, selon les possibilités, par le budget local, ou par celui de l'État. Tous les ans, une question d'intérêt spécial, de progrès pratique, serait ainsi mise au concours; ces questions seraient choisies successivement dans les principales branches d'activité cultivées par la population : agriculture, économie domestique perfectionnée, technologie spéciale, en rapport avec des industries locales.

Une émulation puissante pour toutes les améliorations s'établirait ainsi au foyer de la Commune.

Le mérite et l'habileté du Maire, homme spécial, consisteraient à influer sur ce mouvement de tout le poids de la supériorité de ses connaissances. Toutes les années, un voyage exécuté dans quelque contrée spécialement avancée dans les branches d'activité particulières à sa commune, servirait à compléter ses lumières pratiques sur les questions d'amélioration et de progrès, et contribuerait à donner une utilité certaine aux primes proposées.

Agent spécial de la civilisation et du progrès, ce serait à lui à saisir et à indiquer le nœud des questions dont dépendrait un grand accroissement de bien-être

et de prospérité dans la situation de ses administrés. Toujours sur la brèche, instrument d'initiative sociale par excellence, l'intégralité de son temps lui suffirait à peine pour l'accomplissement d'une si belle tâche.

Aidé de la statistique locale qui serait son œuvre, et d'un livre-journal d'observations quotidiennes, il ferait de fréquentes tournées dans l'étendue de sa commune; les exemples de travail intelligent, de sage économie, d'innovations utiles et productives, seraient signalés à l'émulation publique; les citoyens négligents, les pères de famille oublieux de l'avenir de leurs enfants, exhortés officieusement et amendés par la crainte de l'ordre du jour de la commune; enfin, les utiles citoyens, chefs et promoteurs du progrès local, trouveraient honneur et récompense dans la prime distribuée annuellement en solennité publique.

Je n'énumèrerai pas, Sire, toutes les questions dans lesquelles l'action intelligente du magistrat communal, représentant-né du progrès et de toutes les améliorations possibles, pourrait contribuer à transformer la situation intérieure de la France, et à élever notre pays à un degré de splendeur et de prospérité qu'il n'aurait jamais connu. Je signalerai toutefois encore :

Une direction intelligente et paternelle à donner à l'exercice du droit de secours, qui ne doit jamais dégénérer en droit de fainéantise pour les citoyens valides.

Une étude *anticipée* des travaux à effectuer éventuellement, sous forme d'ateliers de charité, dans des cas momentanés de chômage de l'industrie privée, afin d'éviter aux communes des dépenses improductives et irréfléchies.

La propagation intelligente des institutions de prévoyance patronées spécialement par Votre Majesté: caisses de retraite pour la vieillesse, de secours mutuels et d'épargne.

Encouragement donné à l'usage normal de saines institutions de crédit territorial, et autres.

Encouragement donné aux échanges de propriété, ayant pour but d'obvier aux inconvénients du morcellement excessif des biens d'un même propriétaire ; mesure qui mériterait d'être favorisée par une réduction des droits de mutation, et seconderait puissamment les progrès de l'agriculture, en facilitant l'emploi des procédés perfectionnés (1).

Votre volonté puissante, Sire, a rétabli en France les bases tutélaires du principe d'Autorité ; déjà la reconnaissance de vos peuples signale de tous côtés les fruits d'une politique aussi sage que grande et hardie ; mais ces fruits, Votre Majesté les décuplerait par la création d'une source féconde de progrès dans chacune des 37,000 Communes de France, par la *localisation*, en un mot, de l'idée qui a servi de base à son décret du 25 mars 1852.

(1) Ce travail ayant été adressé en 1856, par l'auteur, à un grand nombre de notabilités, à tous les membres du Sénat, du Conseil d'État et du Corps législatif, aux quatre-vingt-six Préfets de France, etc., nous avons vu avec bonheur, depuis cette époque, les Conseils généraux du Bas-Rhin, du Haut-Rhin, d'Ille-et-Vilaine et du Finistère adopter le vœu, ci-dessus, et s'y associer après des enquêtes fort remarquables. Au reste, l'auteur se propose de revenir sur cette question du morcellement de la propriété, car il ne croit pas insoluble le problème de la conciliation des principes de la justice et de la stabilité sociales.

Votre Majesté l'a reconnu Elle-même : la centrali-
sation bureaucratique est l'ennemie de la grandeur
du pays. Autant l'unité de nos institutions, de nos
lois et de nos mœurs, est un signe de haute civilisation, et la sauvegarde de notre grandeur nationale,
autant la confiscation de la vie intellectuelle des petits centres, et son absorption par la domination bureaucratique, est un malheur, une cause de stérilité
d'efforts, et d'appauvrissement pour le pays. Trente-
six millions d'hommes connaissant leurs devoirs et
leurs droits, et sachant s'en servir, ne seront-ils pas
plus forts, dans la balance de la civilisation, qu'une
nation dépourvue d'individualité, passivement sou-
mise à la direction de quelques esprits distingués qui
l'administrent à distance, mais dont jamais les efforts
réunis ne sauraient lui tenir lieu de l'immense dé-
perdition de forces vives, fruit d'un système contre
nature ?

Votre Majesté a reconnu la nécessité d'une décentralisation de l'intelligence ; qu'Elle complète Son œuvre par l'émancipation *intellectuelle* de la Commune,
cette clef de voûte de l'édifice social : *la splendeur de
Sa capitale ne saurait y perdre*, le pouvoir préfectoral
n'en serait que mieux secondé, la prospérité et la
gloire intérieure de la France y trouveraient des bases de granit.

Je me garderai bien, Sire, de tomber dans le domaine de l'utopie, en espérant réaliser, par le système proposé, un équilibre absolu de production sur
toute l'étendue du pays. Aucune mesure humaine

n'égalisera en richesse les maigres plateaux de l'Auvergne et les plantureux herbages de la Normandie; mais, faire rendre à la civilisation tout ce qu'elle peut rendre, avec des moyens donnés, ne sera jamais une utopie, et Votre Majesté n'a-t-elle pas Elle-même, par Son exemple et Ses écrits, glorieusement ouvert les voies à l'esprit d'investigation appliqué aux grandes mesures de bien public ?

Une objection capitale que soulèvera ma proposition, sera celle de la dépense. L'utilité générale de la mesure pouvant être démontrée par une expérience préalable faite sur une petite échelle, il ne saurait être question de grever immédiatement les finances du pays d'une charge écrasante ! Sans doute, Sire, la dépense *moyenne générale* de l'institution ne saurait être de beaucoup inférieure à 2,000 fr. par commune, y compris le logement du maire, et la prime annuelle à distribuer. Il se pourrait même que la dépense totale de l'institution, généralisée plus tard, sur toute la surface du pays, à l'exception de quelques grandes villes et de quelques rares localités, s'élevât, y compris les frais occasionnés par les écoles spéciales, à près de cent millions, c'est-à-dire à la 17e partie du budget actuel des recettes de l'État (1).

Je ne signalerai pas les ressources importantes que l'État et les Communes se procureraient si facilement en imposant avec équité toutes les sources de revenus autres que les biens-fonds (j'excepte les salaires), qui ne contribuent point encore aux charges publiques, et en

(1) Voir note I, page 23.

louant par parcelles les terrains incultes qui ne produisent rien aux communes propriétaires.

L'équité commanderait que, dans les communes jouissant de fortunes patrimoniales, les frais de l'institution fussent supportés, dans une juste mesure, par le budget communal ; mais dans tous les cas, une assurance mutuelle entre l'État, les départements et les communes, garantirait les ressources nécessaires pour appliquer la mesure, partout où l'urgence en serait signalée par les autorités départementales.

Sans doute, Sire, la 17ᵉ partie du budget de l'État, c'est un gros denier ; mais, je le demande, les moyens seraient-ils disproportionnés au but à atteindre ? Déjà, grâce à la politique sage et progressive de Votre Majesté, les revenus publics ne cessent de s'accroître, les forces vives du pays grandissent à vue d'œil, son prestige à l'extérieur est sans égal ; et Votre Majesté ne saurait dédaigner une mesure qui porterait à son apogée l'admirable résurrection dont Elle est l'auteur. Les moyens matériels de réaliser une grande, salutaire et glorieuse régénération dans le régime intérieur de la France, pourraient-ils faire défaut à Celui qui a pu dire à juste titre : « *Quand on a l'honneur* « *d'être à la tête du peuple français, un infaillible moyen* « *de faire le bien, c'est de le vouloir !* »

Baron Alfred de TURCKHEIM,

ancien membre des conseils de préfecture.

Terre de Truttenhausen (Bas-Rhin), 16 août 1856.

NOTES DE LA DEUXIÈME ÉDITION.

NOTE I.

Plusieurs personnes ont reproché aux idées de l'auteur de pousser au *mandarinisme*, ou *fonctionarisme* outré. A cela nous répondrons qu'il nous paraît presque aussi difficile de contester les services que rendrait dans l'ordre civil le principe des spécialités appliqué à l'organisation communale, qu'il le serait de contester l'utilité du même principe appliqué à l'armée.

Ajoutons, d'autre part, que l'exemple donné aux frais et aux risques et périls de celui qui le donne étant toujours le plus pratique et le plus persuasif, l'utilité qu'il y aurait à exiger quelque fortune de la part des aspirants à l'administration communale paraît évidente. Le rôle prédominant que joue l'agriculture dans nos campagnes fait désirer que le maire soit propriétaire dans la commune qu'il administre. Il en résultera une rivalité salutaire pour l'exercice de l'autorité municipale de la part des principaux citoyens de la commune, et il est visible dès lors que cette rivalité vaudra à un grand nombre de communes *la gratuité de leur administration de la part de candidats locaux* qui auront tenu à honneur et profit, même au point de vue de la gestion de leurs intérêts privés, de s'approprier les connaissances et les conditions de capacité que l'adoption des idées de l'auteur répandrait dans nos campagnes. Quant à la dépense qu'en occasionnerait la réalisation, il espère avoir indiqué un moyen d'y faire face, par les ressources que créerait la combinaison exposée dans son travail sur les *railways départementaux* (1). Au reste, il est du nombre de ceux qui ne se sont jamais dissimulé que si, depuis près de deux siècles, l'Angleterre échappe si merveilleusement au fléau révolutionnaire, elle en doit le bienfait à l'interposition, entre le pouvoir et les masses, d'institutions modératrices, conservatrices et indépendantes à la fois, sans lesquelles la démocratie pure n'a jamais rien fondé de durable.

NOTE II.

Le nom de l'auteur étant moins connu en France qu'en Allemagne, où plusieurs membres de la branche aînée de sa famille ont été ministres et

---

(1) Ce mémoire, du 1er juillet 1858, a été l'occasion d'un vote par lequel le Conseil général du Bas-Rhin, dans sa session de 1858 (27 août), demande l'autorisation de créer les ressources nécessaires pour l'établissement d'un réseau complet de *chemins de fer vicinaux*. Le même Conseil, dans la même session, a adopté la proposition par nous émise dans un écrit du 20 mai précédent, tendant à prier le Gouvernement de vouloir bien négocier avec les États du Zollverein des tarifs de réciprocité le plus bas possible et de nature à favoriser le débouché des vins de France dans ces États.

diplomates, je demande la permission de rappeler quelques services publics presque oubliés.

Mon grand-oncle paternel, baron Jean de Turckheim, représentant de la ville de Strasbourg aux États-généraux de 1789, fut l'un de ces rares députés qui, dans la nuit du 4 août, osèrent protester solennellement, au nom de la civilisation et des libertés publiques, contre la confiscation de toute vie locale dans nos provinces, confiscation qui, peu de temps après, devait asservir la France sous le joug barbare d'une minorité violente et sanguinaire (1).

Mon aïeul paternel, ministre de la Confédération du Rhin, député et président du conseil général du Bas-Rhin sous le premier Empire, contribua, par un concours actif et par des sacrifices pécuniaires, à doter l'Alsace d'institutions que tous les départements de France ont successivement empruntées au Bas-Rhin : les *Médecins cantonaux* et les *Écoles normales pour l'instruction primaire.*

Mon père (2), officier supérieur du premier Empire, nommé à 28 ans colonel sur le champ de bataille en 1815, mourut jeune, des suites de trente-deux blessures, après avoir fondé en Alsace *la première caisse de retraites* qui ait existé en France *en faveur des instituteurs primaires et de leurs veuves.*

Enfin, mon bisaïeul maternel, baron F. de Dietrich (3), premier maire de Strasbourg (1790 à 1792), l'ami des Condorcet, des Rouget de l'Isle, des Lafayette, mourut sur l'échafaud révolutionnaire, victime du brillant courage qu'il avait déployé au nom des principes d'ordre, de liberté constitutionnelle et de sage progrès, dans une lutte suprême contre une faction qui couvrait la France de ruines et de terreur. Auteur de travaux minéralogiques très-estimés, membre de l'Académie des Sciences de Paris, commissaire à la visite des mines, forêts et bouches à feu de France, secrétaire général des Suisses et Grisons, commissaire royal (préfet) à Strasbourg en 1789, désigné un moment pour le ministère de l'intérieur en 1792, il périt victime des fureurs du jacobinisme, le 29 décembre 1793, à peine âgé de 45 ans.

(1) Rapport adressé à la commune de Strasbourg sur la situation de l'Assemblée nationale en octobre 1789, lors de ma démission. — Mémoire présenté aux États-généraux sur l'ancien droit public de l'Alsace et de la ville de Strasbourg.

(2) Voir: *Mémoires du général comte Rapp*, aide de camp de S. M. Napoléon Ier —*Correspondance de Goëthe avec une enfant*, par madame Bettina d'Arnim, trad. Séb. Albin. — *Mission et caractères de l'éducation du peuple*, trois discours prononcés par le colonel Guillaume de Turckheim; Strasbourg, 1827 à 1829.

(3) Voir : le *Dictionnaire biographique*;—les *Entretiens* de M. de Lamartine, et la Notice de M. Louis Spach, archiviste du Bas-Rhin : *Frédéric de Dietrich.*

LETTRE

SUR LA

QUESTION ITALIENNE

FÉVRIER 1859.

LETTRE

SUR LA QUESTION ITALIENNE.

FÉVRIER 1859.

Times du 21 février 1859, *Siècle* du 17 février précédent,
Gazette de France du 5 mars.

« L'Europe, représentée en congrès officiel des
« cinq grandes puissances ou des onze principales
« puissances, proclamerait le *principe de l'indépen-*
« *dance italienne.*

« A cet effet, l'état territorial actuel de l'Autriche
« en Lombardo-Vénétie étant sanctionné par la signa-
« ture et la garantie des grandes puissances, le
« Congrès adopterait le principe d'une *indemnité*
« *territoriale* à offrir à l'Autriche, afin de la désinté-
« resser sérieusement et loyalement.

« Le Congrès négocierait avec la Porte-Ottomane,
« moyennant indemnité basée sur la capitalisation du
« tribut que lui paient les Principautés danubiennes,
« la cession de ces provinces à l'Autriche, tout en
« leur garantissant le maintien de leurs constitutions
« et de leurs libertés intérieures, reconnues par le

« traité de 1856-1858, et en y ajoutant l'union sous
« un seul hospodar, réclamée par les populations.
« Ces libertés seraient placées sous la sauvegarde du
« Congrès, et leur violation de la part de l'Autriche
« constituerait contre celle-ci un cas de guerre de
« la part de l'association des puissances contractantes.

« En retour de cet échange, pour lequel une ven-
« tilation serait à établir, fallût-il même y ajouter
« la Servie, l'Autriche évacuerait *complétement* la
« Lombardo-Vénétie et les garnisons qu'elle tient
« sur des territoires appartenant à d'autres princes
« italiens.

« Le royaume Lombardo-Vénitien serait *incorporé*
« aux *États du Saint-Siége*, à la condition formelle
« que ce gouvernement donnerait dorénavant à ses
« sujets, tant anciens que nouveaux, le bienfait d'une
« *administration sécularisée* et d'un *régime représen-*
« *tatif modéré, mais sérieux.*

« La Lombardo-Vénétie, ainsi constituée sous la
« suzeraineté du Saint-Siége, serait érigée en vice-
« royauté héréditaire, *exclusivement italienne et non*
« *reversible à une couronne étrangère*, mais en faveur
« soit d'un prince français, soit, à défaut, de l'ar-
« chiduc Maximilien actuel.

« Le Congrès tâcherait de négocier avec le Pape
« l'extension de cette vice-royauté séculière sur les
« États actuels du Saint-Siége, sans toutefois en faire
« une condition impérative *sine quâ non.* »

Paris, 16 Février 1859.

UN MOT

UESTION DES RAILWAYS DÉPARTEMENTAUX

Lettre à MM. les membres des Conseils généraux et d'arrondissement du Bas-Rhin
et du Haut-Rhin.

2me ÉDITION.

UN MOT

SUR LA

QUESTION DES RAILWAYS DÉPARTEMENTAUX

« Rien ne périt, mais tout se transforme. »

Monsieur et très-honoré compatriote,

La perfection, et parfois le bon marché de la locomotion sur nos voies ferrées a fait poser par l'opinion publique le problème de la généralisation de ce bienfait sur nos lignes de communication secondaires.

L'idée d'installer une ligne de rails sur les bords des routes qui, par le fait même de la création de voies ferrées, desservant les même points du territoire, perdent une grande partie de leur mouvement, a réalisé un progrès important ; on supprime ainsi presque entièrement la dé-

---

(1) L'auteur n'entend proposer aucune modification aux attributions respectives du service des ponts et chaussées et de celui des chemins vicinaux ; en proposant de considérer dorénavant l'emploi du rail comme un perfectionnement nécessaire de la viabilité publique, et comme appelé à devenir une question de viabilité ordinaire, il n'entend déranger le mécanisme d'aucun service administratif, mais bien rétablir, en faveur du domaine public de l'État et des départements, le rôle dirigeant et actif qui leur a échappé par la loi de 1842 dans l'important problème du perfectionnement de nos voies de communication.

Les idées générales exposées dans ce travail étant susceptibles d'être appliquées à la France entière, les exemples relatifs aux départements du Bas-Rhin et du Haut-Rhin, dont s'est servi l'auteur, ne sauraient avoir pour but d'en restreindre l'application à ces seuls départements.

pense des acquisitions de terrains, de la construction des stations, et, dans les conditions de pente et de courbe modérées, presque toutes les dépenses d'ouvrages d'art et de terrassement.

Malgré cela, l'on se demande où sont les capitaux nécessaires pour une transformation si désirée du public, lorsqu'on songe à une dépense de 15,000 fr. par kilomètre de simple voie pour le système Loubat, à traction de chevaux, qui fonctionne entre Paris et Versailles, ou bien de 40,000 fr. (voies de garage comprises) par kilomètre de simple voie, en employant le matériel fixe des grands railways, système plus coûteux, mais qui permettrait de s'embrancher sur les grandes lignes, sans rompre charge, d'éviter ainsi des frais de transbordement toujours onéreux, et d'employer dans beaucoup de cas le moteur-vapeur, sauf quelques mesures de précaution (1).

Souvent déjà, des esprits pratiques se sont demandé s'il ne serait pas temps de poser en fait la substitution graduelle du rail à l'empierrement sur nos routes, comme une des nécessités les plus prochaines de notre époque, comme une condition inévitable du vrai progrès en matière de viabilité.

Rien ne périt, mais tout se transforme; s'il en est ainsi, comment admettre que les sacrifices considérables faits par les sociétés modernes dans l'intérêt de la création des routes doivent être perdus sans retour pour la circulation sur rail et à vapeur? Admettons donc, avec beaucoup de juges compétents, qu'il n'existe pas un abîme infranchissable entre le passé et l'avenir de nos voies de communication, et que, sauf quelques correctifs nécessaires, il est

_____

(1) Cette disposition fonctionne, par exemple, sur les quais de Nantes, sur les boulevards de Berlin, de Bruxelles, etc.

rationnel et pratique de chercher à utiliser, pour la pose d'une ligne de rails, l'excédant de largeur des anciennes chaussées. Les avantages de ce système, quel que soit le moteur employé, sont d'abord une économie de traction de neuf dixièmes par le fait du rail substitué au macadam. Qu'on y ajoute l'économie de l'achat des terrains, de la plus grande partie des dépenses de construction, de terrassement et de travaux d'art, et il ne saurait échapper que ce mode peut rendre d'immenses services, en facilitant le bienfait des voies ferrées sur un nombre très-considérable de points qui n'en jouiraient jamais s'il fallait y consacrer les capitaux considérables qu'exige le système des railways sur terrain spécial.

L'application de la loi de 1842 sur la concession de nos lignes de chemins de fer à des compagnies privées a-t-elle remplacé avantageusement pour l'intérêt général le principe si fécond et si paternel de l'ancienne économie politique française, d'après lequel les voies de communication terrestres et fluviales doivent être dans le domaine public ? Des considérations de dépense seules ont pu nécessiter une dérogation temporaire, bien que trop longue, à un principe si tutélaire ; et l'on se demande si un nombre considérable de millions n'eût pu être économisé en adoptant pour règle que l'avenir ne doit pas faire table rase du présent en réduisant à de coûteuses non-valeurs les chaussées construites, en leur temps, pour suffire à tous les besoins du trafic entre des points identiques du territoire ? On se demande si, en suivant cette règle, l'exécution des railways par l'État et les départements n'eût pas présenté des difficultés bien moindres ?

Prenons pour point de départ le système imparfait qui fonctionne sur la route de Paris à Versailles. Appliquons-

le à la ligne étudiée en 1854 par l'administration des ponts et chaussées du Bas-Rhin (1), dans le but de relier Strasbourg à Molsheim, Mutzig, Wasselonne, Obernai, Barr et Schlestadt. Admettons, pour ne pas se préparer des regrets dans un avenir prochain, qu'au lieu d'employer un système de rails spéciaux, l'on tâche de se rapprocher le plus possible de la forme des rails employés par la grande ligne sur laquelle on veut aboutir. L'étude en question, faite avec une scrupuleuse conscience, admet la dépense suivante :

Matériel fixe d'une simple voie par kilomètre...	39,000 fr.
Construction des stations................	6,000
Matériel roulant et outillage	20,000
Achat de terrains...........	17,000
Terrassements et ouvrages d'art............	20,000
Frais d'administration	8,000
Dépenses imprévues.....	10,000
Total par kilomètre de simple voie......	120,000 fr.

A raison d'un tarif de 5 cent. par voyageur et par kilomètre, et de 6 cent. par tonne et par kilomètre, ladite étude arrivait à un rendement kilométrique de 10,600 fr. par an, et à peine de 5 p. °/₀ du capital de 5,870.000 fr. nécessaire pour l'établissement des 49 kilomètres de travaux neufs qu'exigeait la ligne projetée. Evidemment, le trafic constaté ne suffit pas à rendre suffisamment rémunératoire la dépense ci-dessus. Mais la proportion change de face si l'on a l'espoir de voir disparaître 17,000 fr. de

(1) Cette étude a été faite par les soins de M. Guerre, ingénieur en chef du Bas-Rhin. A la suite de la délibération du conseil général de ce département, en date du 27 août 1858, de nouvelles études, entreprises sous les ordres d: M. Coumes, ingénieur en chef du service vicinal, révélèrent pour la ligne en question un accroissement de trafic très-important, survenu depuis les études de 1854. D'après cela, l'établissement pour cette ligne d'un chemin de fer sur terrain spécial, aux frais d'une compagnie *non subventionnée*, devrait être possible.

dépenses par kilomètre pour achat de terrains, près de 20,000 fr. par kilomètre, pour terrassements et ouvrages d'art ; si l'article de 6,000 f. pour construction de stations se trouve considérablement réduit par suite de la possibilité d'utiliser des bâtiments existants au centre des localités ; si enfin l'article 20,000 fr., pour matériel roulant et outillage, peut devenir l'affaire d'entrepreneurs de traction, soit par chevaux, soit par vapeur.

Qu'on ajoute à cela que, sur des lignes secondaires où la prétention de voir transporter les marchandises à un taux qui représenterait le tiers ou le quart de celui du roulage rendrait l'exploitation impossible, une réduction de 50 °/₀ dans les prix serait déjà un commencement très-avantageux pour le commerce. Admettons donc que l'exploitation susdécrite, pour pouvoir subsister, transporte, pendant les cinq ou dix premières années, avec une réduction de 50 °/₀ seulement des prix de roulage et de messagerie, et nous aurons une affaire viable. Qu'on ajoute à cela qu'un système de voies ferrées, passant au centre des localités, absorberait un grand nombre de petits transports qui, dans la crainte d'un camionnage dispendieux, renoncent aujourd'hui à emprunter les voies établies. Le trafic général de la nouvelle ligne serait augmenté d'autant, donnée qui a dû rester étrangère aux prévisions de l'étude publiée en 1854.

Dans ces conditions, nous pensons que l'établissement de voies ferrées économiques pourrait devenir pour les départements un revenu important qu'il serait fâcheux de dédaigner.

Les voies seraient établies par assimilation à la marche suivie pour la création des routes départementales (1),

(1) Bien entendu que *toutes* les ressources légales de la viabilité publique devraient y concourir, *y compris celles des chemins vicinaux.*

à cette différence près, que ces dernières constituent pour les départements une dépense sèche; tandis que, par la location de l'entreprise des transports sur la voie ferrée, cette dernière pourrait payer l'amortissement et la rente de son capital, et donner un excédant.

Sans doute, on devrait pouvoir s'attendre à trouver en Alsace, pour la dépense des voies ferrées économiques, un concours très-sérieux dans les fortunes patrimoniales de nos 1,032 communes, qui représentent un revenu ordinaire de 8 millions et demi, et on capital de près de 560 millions de francs. Mais, vu l'insurmontable inconvénient qu'il y aurait à déplacer ces fortunes ou à leur faire courir des chances aléatoires, nous pensons qu'une initiative pure et simple des départements, par la voie de leurs conseils généraux, serait préférable de tous points. La marche à suivre serait bien simple :

Provoquer, de la part de nos conseils municipaux, d'arrondissement et conseils généraux, le vœu de voir se généraliser nos communications ferrées sur les lignes secondaires les plus fréquentées;

Provoquer, de la part des conseils généraux, une demande tendant à contracter des emprunts garantis par la valeur locative du trafic des lignes transformées.

Cela posé, l'administration ferait faire les devis des lignes les plus nécessaires et les plus productives. Ne seraient établies que celles qu'une statistique approfondie indiquerait comme pouvant donner un produit suffisant pour satisfaire aux conditions suivantes :

Le matériel de la voie et la valeur locative du trafic servant de garantie à l'emprunt contracté par le département, toute dépense faite devrait être précédée de la mise en adjudication pour dix ans de l'entreprise de transport des voyageurs et marchandises sur la ligne projetée.

En cas d'insuccès de l'adjudication, la ligne serait ajournée jusqu'à ce qu'il se présente un entrepreneur solide acceptant les conditions du cahier des charges.

Amortissement en vingt annuités de l'emprunt nécessité par l'établissement de la voie. A cet effet, l'adjudication de la traction se ferait sur des tarifs maxima pour le transport des voyageurs et des marchandises.

Les recettes seraient perçues par des employés du domaine public départemental.

Le produit du tarif pendant la première période d'adjudication, à raison de moitié prix du tarif des messageries par tête de voyageur et par kilomètre, et de 0 fr. 10 par tonne de marchandise et par kilomètre, serait partagé ainsi :

L'entrepreneur toucherait le taux proportionnel résultant de l'adjudication.

Le reste du produit serait consacré par les départements :

1° A l'amortissement en vingt annuités de l'emprunt contracté;

2° A l'entretien du matériel et du personnel de la voie.

En cas d'excédant de revenu, cet excédant servirait, ou bien à couvrir, sans préjudice pour l'entrepreneur, une réduction dans les prix des tarifs stipulés, ou bien constituerait un revenu spécial pour les départements.

L'entrepreneur du trafic aurait à se servir du moteur à vapeur ou du moteur cheval, selon que le prescrira le cahier des charges, et à se conformer aux mesures de précaution que celui-ci stipulera. Les voitures pour voyageurs et marchandises seront le plus conformes possible à celles de la grande ligne sur laquelle on veut aboutir, et cela en vue d'éviter les dépenses et les pertes de temps inhérentes aux transbordements. Il en serait de même de la forme des rails à fournir par voie d'emprunt départemental (1).

L'expérience des chemins de fer belges et allemands a prouvé que l'exploitation des voies ferrées par l'État ou le domaine public n'est pas une ressource plus aléatoire que celle des impôts indirects. Par la location du trafic, voyageurs et marchandises auraient dix-neuf chances sur vingt de voir baisser les prix de transport à chaque nouvelle adjudication décennale ou quinquennale, chose que faciliterait, éminemment, à la fin des vingt premières années, l'extinction des annuités de remboursement de l'emprunt départemental.

Si l'on considère que le système dit américain augmente le trafic des lignes secondaires, en permettant de pénétrer au centre des artères les plus fréquentées, en absorbant ainsi une multitude de menus transports, et en facilitant l'économie presque totale des frais de construction des gares et stations ; si l'on ajoute à cela que, le roulage ordinaire transportant à 20 centimes, par tonne

(1) Cela suppose que les fonds légaux de la viabilité publique ordinaire doivent suffire aux frais d'appropriation de la voie. Dans le Bas-Rhin, les ressources cumulées des services des routes impériales, départementales et des chemins vicinaux, s'élèvent à une valeur totale annuelle de près de 1,700,000 francs.

Le rapport (13 août 1858) de M. l'ingénieur en chef des chemins vicinaux du Bas-Rhin établit que, moyennant les ressources légales du service vicinal et un concours particulier des communes intéressées, ce département peut créer plusieurs chemins de fer vicinaux *sur terrain spécial*; mais à la condition : de charger de la pose des rails les compagnies exploitantes ; — de *renoncer à créer un revenu public ou départemental;* — de dessaisir ainsi de la voie ferrée le domaine public, pour des périodes nécessairement longues, c'est-à-dire d'agir dans les conditions de la loi de 1842, sauf toutefois la substitution du département à l'Etat dans le rôle dévolu à ce dernier par ladite loi. Encore faudra-t-il se trouver dans des conditions de trafic suffisantes pour motiver, de la part d'une compagnie, la dépense du matériel fixe et du matériel roulant.

et par kilomètre, l'emploi du rail, dans des conditions d'horizontalité, décuple la force d'un cheval ; qu'outre cela, la vapeur, qui transporte facilement à 4 centimes, par tonne et par kilomètre, peut transporter sur rail à moitié prix des moteurs animés ; on comprendra dès lors facilement que le système dit américain puisse, avec des tarifs d'au moins 50 p. % inférieurs à ceux du roulage et des messageries, donner, même en amortissant son capital, des bénéfices nets de 9 p. % et au-dessus sur les lignes où la dépense d'une voie ferrée, avec expropriation de terrains, dépense de gare et stations, terrassements spéciaux, etc., ne donnerait pas même un dividende de 3 p. %.

Tout autre système privera donc indéfiniment du bienfait des communications perfectionnées les lignes à trafic moyen, dont le rendement ne dépasserait pas 6 p. % par l'achat de terrains spéciaux. Dans le cas où la concurrence provoquerait des rabais sur la mise à prix dès tarifs de traction, rien n'empêcherait le département d'en partager le bénéfice par moitié entre le public d'une part, sous forme d'une baisse dans les prix de transport, et d'autre part, comme il est dit plus haut, le budget départemental, pour qui il constituerait un revenu spécial. Tout esprit non prévenu comprendra immédiatement la grande différence qui existe, en faveur de l'intérêt général, entre ce système et celui des concessions de nos voies de communication à des compagnies privées, avec ou sans subvention du trésor public ou du département et des villes et communes (1).

(1) Il est bien évident que les besoins de la petite circulation exigeraient le maintien, à côté de la ligne de rails, d'un trottoir d'au moins six mètres de largeur, pour la circulation des piétons et des véhicules de l'agriculture riveraine.

Partout où des largeurs insuffisantes et des courbes ou des pentes trop fortes rendraient impossible l'utilisation des routes actuelles, la question de l'achat de terrains spéciaux devrait être posée. Un calcul sérieux du rendement probable d'une ligne établie dans ces conditions devrait précéder tout travail de ce genre, et le principe que la voie doit être amortie au bout de vingt ans, être observé le plus possible. Sur les lignes où le produit probable ne permettrait d'espérer qu'un remboursement à beaucoup plus long terme des frais d'établissement, le département ou l'État serait saisi de la question de l'utilité qu'il y aurait à y consacrer le capital d'établissement, en renonçant à stipuler vis-à-vis de l'entrepreneur de traction l'amortissement en vingt annuités. Dans ce cas, des garanties supplémentaires deviendraient indispensables vis-à-vis des créanciers de l'emprunt départemental. L'entreprise de la traction étant louée à tant pour cent du produit brut et à raison de prix maxima, principe préférable à celui de l'exploitation par l'État ou par le département, tout l'excédant net touché par celui-ci serait dans ce cas affecté à l'amortissement ; l'on sait au reste que, sur les railways ordinaires, le coût de la traction n'est que d'un quart à un demi-centime par tonne et par kilomètre.

Mais, nous dira-t-on, les administrations départementales sont mineures et ne seront pas autorisées par le gouvernement, leur tuteur, à créer des impôts ou à vendre des propriétés, dans le but de se livrer à des spéculations. Sans doute, nous repoussons de toutes nos forces l'idée de vouloir provoquer des votes de centimes additionnels extraordinaires, de nouveaux impôts et d'aliénations de propriétés départementales ou communales pour le but proposé, et nous ne pensons pas accorder trop peu d'importance à une pareille objection en déclarant que toute ligne qui ne pourrait se faire qu'en recourant à l'un de ces moyens extrêmes, doit par cela même être condamnée. Mais nous pensons que, sur les lignes sérieuses, la valeur locative afférente du trafic des routes, tel qu'il est constaté par l'administration des ponts et chaussées, sera, pour les créanciers du département, une hypothèque suffisante. Dans le cas enfin où des obstacles présumés insurmontables, et qui, selon nous, ne sauraient l'être au fond, viendraient s'opposer à la transformation proposée comme devant se faire sous les auspices tutélaires des administrations départementales, ne vaudrait-il pas mieux la voir se réaliser par les compagnies existantes, sauf, au pis aller, l'application du principe de la garantie d'un minimum d'intérêt, — que d'en priver indéfiniment le pays?

Ajoutons que notre combinaison paraîtrait applicable pour le cas d'un rachat anticipé par l'État des grandes lignes actuellement existantes. Par la perception directe des tarifs de transport et la location de l'entreprise de la traction, l'État ou l'association des départements traversés s'assurerait un revenu suffisant pour servir la rente et l'amortissement des titres convertis en rentes sur l'État, et pour se créer un revenu spécial qui trop souvent, dans le système en vigueur, devient la proie de l'agiotage.

Les lignes où nous pensons que l'application graduelle du moyen financier ci-dessus pourrait hâter puissamment la création de voies ferrées, *soit sur terrain spécial*. soit avec-utilisation de tout ou partie du parcours des chaussées existantes, seraient :

1° *De Strasbourg à Schirmeck et Rothau,* en empruntant le bord de la chaussée ordinaire (sauf rectifications sur les fonds affectés aux routes impériales, départementales et de vicinalité), ou, s'il y a lieu, en y rattachant, par l'emploi de quelques chemins vicinaux, les localités qui seraient de nature à augmenter considérablement le trafic de la voie. La ligne traverserait autant que possible le *centre* des localités, et sa gare de voyageurs à Strasbourg serait place Kléber, dans les bâtiments de l'Aubette.

Longueur kilométrique de la chaussée dans le Bas-Rhin, 40 k. 6. Trafic net moyen par jour, 216 tonnes.

2o *De Strasbourg au pont du Rhin*, en empruntant le bord des rues des Grandes-Arcades, du Vieux-Marché-aux-Poissons, la Porte d'Austerlitz (à doubler) et la route du Rhin (le bord de cette route permettrait la pose d'une double voie).

Distance, 5 kilomètres. Trafic net moyen par jour, 178 tonnes.

3° *De Haguenau à Sarreguemines et aux houillères*, par Niederbronn et Bitche, en passant par le centre des localités; même observation que ci-dessus en ce qui concerne les travaux de rectification et de terrassement.

Longueur dans le Bas-Rhin, 26 k. 6. Trafic net par jour, 198 tonnes.

4o *De Saverne à Schlestadt*, en empruntant la route partout où les pentes le permettront, et, à défaut, des chemins vicinaux. La voie devra, autant que possible, passer au centre des localités de Wasselonne, Molsheim, Rosheim, Obernai, Barr, Epfig, Dambach, Schlestadt.

Distance, 60 kilomètres. Trafic net diurne, 119 tonnes.

Un tracé suivant la ligne du plus grand trafic fournirait un tonnage très-supérieur à celui ci-dessus.

5° *De Bouxwiller à Hochfelden.*
Distance, 12 kilomètres. Trafic net par jour, 285 tonnes.

6° *De Schlestadt à Sainte-Marie-aux-Mines.*
Distance, 22 kilomètres. Trafic net par jour, 185 tonnes.

7° *De Ribeauvillé* (depuis les fabriques) *à la ligne de l'Est.*
Distance, 6 kilomètres. Trafic net par jour, 78 tonnes.

8° *De Kaysersberg à Colmar.*
Distance, 9 k. 1 ou 12. Trafic net par jour. 260 tonnes.

9° *De Colmar à Munster.*
Distance, 18 k. 6. Trafic net par jour, 178 tonnes.

La station de Colmar serait sur la place du Marché au petit bétail.

10° *De Colmar à Neuf-Brisach.*
Distance, 15 k. 6 ou 14. Trafic net par jour, 215 tonnes.

11° *De Guebwiller à la ligne de l'Est.*
Distance, 7 k. 7. Trafic net par jour, 190 tonnes.

12° *De Rouffach à Belfort.*
Distance, 55 kilomètres. Trafic net par jour, 149 tonnes.

13° *D'Oberbruck au pont d'Aspach,* par Massevaux et Cernay.
Distance, 17 kilom. Trafic net par jour, 182 tonnes.

14° *De Thann à Remiremont,* par Wesserling, jusqu'à la limite du Haut-Rhin.
Distance, 22 k. 9. Trafic net par jour, 178 tonnes.

15° *De Belfort à Giromagny.*
Distance, 12 k. 4. Trafic net par jour, 135 tonnes.

16° *De Belfort* à *Delle.*

Distance, 20 kilom. Trafic net par jour, 135 tonnes.

Espérons, Monsieur, que notre Alsace ne laissera pas échapper une belle occasion de donner à la France entière l'exemple d'une intelligente et généreuse initiative.

Sans doute, les améliorations fécondes ne s'improvisent pas. Ce n'est que graduellement, et au fur et à mesure que des entrepreneurs sérieux, solvables, et offrant un bail de cinq ou dix ans, se seront présentés pour une ligne, que nos départements, aidés peut-être d'associations communales, pourront et devront aviser aux emprunts nécessaires (dans la forme de ceux contractés par l'État lors de la guerre de Crimée) pour opérer la transformation (1) de celles de nos chaussées qui offrent le trafic le plus important. Qui trop embrasse, mal étreint, et le plus sûr moyen de n'aboutir à rien sera de vouloir tout faire à la fois. Permettez-moi donc d'espérer, Monsieur, que, dédaignant les sarcasmes commodes de l'esprit de routine ou de coterie, vous examinerez la proposition qui fait l'objet de ces lignes, avec cette bienveillante sollicitude que mérite de votre part tout ce qui est de nature à influer puissamment sur le bien-être et la prospérité du pays.

Sans doute, un retour aussi prononcé vers le principe de la décentralisation commerciale, industrielle et financière, ne pourrait s'opérer sans autorisation gouvernementale supérieure. Mais le décret du **25 mars 1852** sur la décentralisation administrative reconnaît implicitement que la mise en tutelle excessive de l'intelligence

---

(1) Par *transformation*, nous n'entendons pas seulement : substitution du rail au macadam, mais encore : rectification suffisante du tracé, des pentes, des courbes, etc., ou bien même, *adoption d'un nouveau tracé*, lorsque la transformation de l'ancien occasionnerait des frais supérieurs.

et de l'activité nationales, par un seul point du territoire, ne peut, appliquée aux travaux de la paix, qu'affaiblir et diminuer la somme des forces développées. La stabilité morale du pays elle-même trouverait évidemment bien plus de garanties dans un développement uniforme de l'esprit public sur toute la surface du pays, que dans une impulsion universelle attendue machinalement du centre, et livrant la nation à tous les hasards de l'imprévu. Ces vérités ne peuvent laisser l'ombre d'un doute dans aucun esprit vraiment patriote, et ne serait-ce pas un éternel honneur pour notre Alsace d'avoir été la première à inaugurer, par des institutions pratiques, un ordre d'idées si indispensable au progrès matériel, moral et intellectuel de la France du XIXᵉ siècle?

Le décret impérial du 16 décembre 1811 (art. 18) porte qu'en matière d'établissement de routes départementales, de simples particuliers peuvent légalement et valablement provoquer l'initiative des conseils généraux. La nécessité d'une transformation graduelle de nos empierrements étant admise en principe par l'opinion et par beaucoup de juges compétents, et la question des voies et moyens étant la seule qui retarde l'application d'un principe si fécond, j'ai l'honneur de vous prier, Monsieur, de me permettre d'invoquer le bénéfice du décret ci-dessus en faveur de ma proposition tendant à provoquer un vœu officiel des deux conseils généraux de l'Alsace dans le sens des conclusions qui précèdent (1).

(1) Ce mémoire, communiqué aux autorités du Bas-Rhin en janvier 1858, et adressé en brochure à MM. les conseillers généraux de ce département quinze jours avant leur session, a été l'occasion d'un vote par lequel le Bas-Rhin demande l'autorisation de créer les ressources nécessaires, s'élevant à 6,300,000 fr., pour l'établissement d'un réseau de *chemins de fer vicinaux*. La solution élaborée par M. le préfet et M. l'ingénieur en chef ayant fait subir quelques modifications importantes aux idées

Agréez, Monsieur et très-honoré compatriote, l'expression de mes sentiments dévoués.

Baron ALFRED DE TURCKHEIM,

Propriétaire–agriculteur, membre du comice de Schlestadt,
ancien membre des conseils de préfecture.

Terre de Truttenhausen (Bas-Rhin), 1ᵉʳ juillet 1858.

exposées dans le présent écrit, nous pourrons avoir lieu d'y revenir plus tard.

P. S. du 5 mars 1859. — Le *Moniteur* de ce jour publie un décret impérial qui convoque en session extraordinaire les conseils d'arrondissement et le conseil général du Bas-Rhin, pour les 18 et 21 mars prochain, à l'effet de délibérer sur la création d'un *nouveau réseau de chemins vicinaux* (propres à recevoir des rails). Cette mesure est le corollaire officiel de la délibération du 27 août 1858, et nous donne l'heureux espoir que nos efforts, en vue de doter le Bas-Rhin d'un *réseau départemental de voies ferrées*, seront couronnés d'un plein succès.

IMP. BÉNARD ET Cⁱᵉ, PASSAGE DU CAIRE, 2.

Note de l'auteur des *Fragments politiques* :

Les *Lettres* indiquées sous les numéros 4, 5, 6, 7, 8 et 9 paraîtront
incessamment.

www.ingramcontent.com/pod-product-compliance
Lightning Source LLC
LaVergne TN
LVHW022040080426
835513LV00009B/1161